OS PRIMEIROS DINOSSAUROS
PERÍODO TRIÁSSICO

OS DINOSSAUROS APARECERAM HÁ 230 MILHÕES DE ANOS, NO PERÍODO TRIÁSSICO. NAQUELA ÉPOCA, TODOS OS CONTINENTES ESTAVAM UNIDOS, FORMANDO UM SÓ, CHAMADO DE PANGEIA. OS CONTINENTES SEMPRE SE MOVIMENTARAM E, COM O PASSAR DO TEMPO, A PANGEIA SE DIVIDIU.

O PERÍODO TRIÁSSICO É O PERÍODO ENTRE 251 E 200 MILHÕES DE ANOS ATRÁS, EM NÚMEROS REDONDOS.

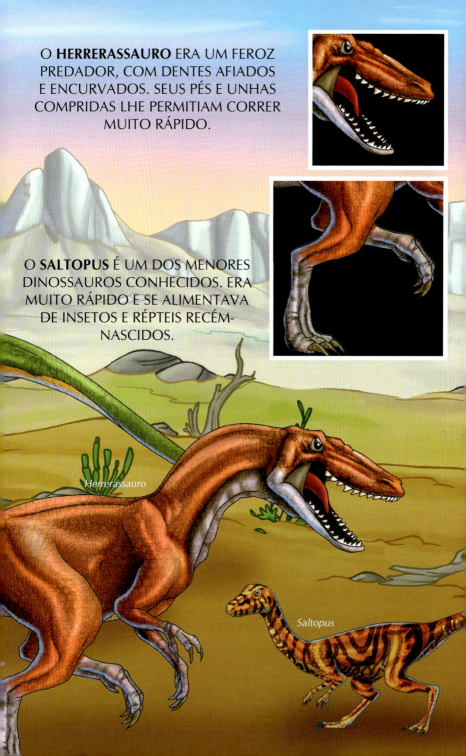

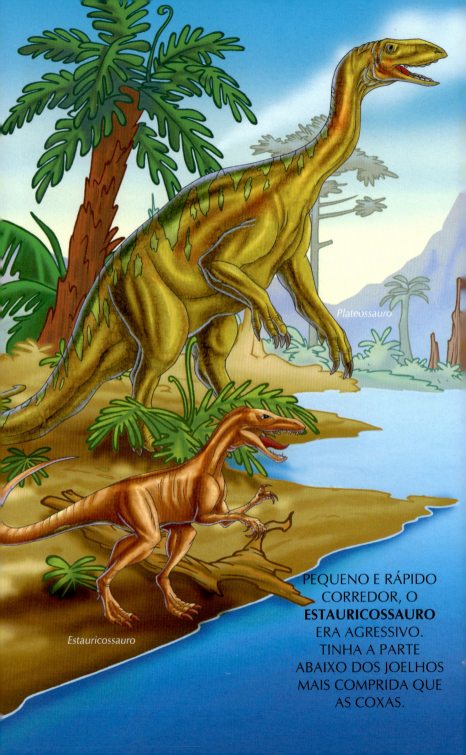

Plateossauro

Estauricossauro

PEQUENO E RÁPIDO CORREDOR, O **ESTAURICOSSAURO** ERA AGRESSIVO. TINHA A PARTE ABAIXO DOS JOELHOS MAIS COMPRIDA QUE AS COXAS.

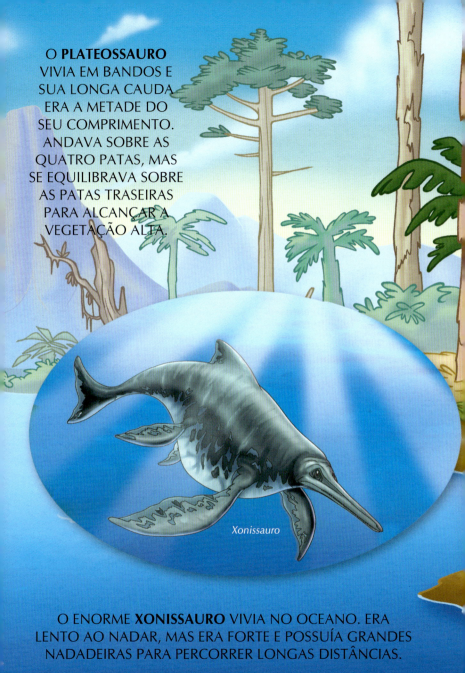

O **PLATEOSSAURO** VIVIA EM BANDOS E SUA LONGA CAUDA ERA A METADE DO SEU COMPRIMENTO. ANDAVA SOBRE AS QUATRO PATAS, MAS SE EQUILIBRAVA SOBRE AS PATAS TRASEIRAS PARA ALCANÇAR A VEGETAÇÃO ALTA.

Xonissauro

O ENORME **XONISSAURO** VIVIA NO OCEANO. ERA LENTO AO NADAR, MAS ERA FORTE E POSSUÍA GRANDES NADADEIRAS PARA PERCORRER LONGAS DISTÂNCIAS.

NO FINAL DO PERÍODO TRIÁSSICO, OS DINOSSAUROS HERBÍVOROS COMEÇAVAM A SURGIR. NAQUELA ÉPOCA, NÃO EXISTIAM GRAMÍNEAS. ENTÃO ELES SE ALIMENTAVAM DE SAMAMBAIAS, FOLHAS E CASCAS DE ÁRVORES.

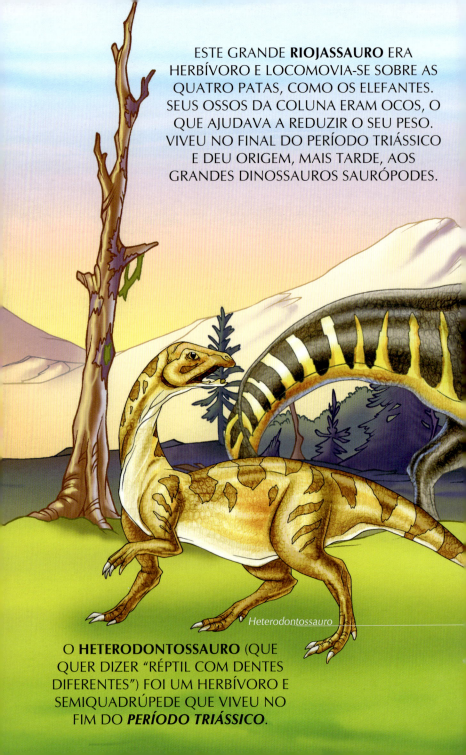

ESTE GRANDE **RIOJASSAURO** ERA HERBÍVORO E LOCOMOVIA-SE SOBRE AS QUATRO PATAS, COMO OS ELEFANTES. SEUS OSSOS DA COLUNA ERAM OCOS, O QUE AJUDAVA A REDUZIR O SEU PESO. VIVEU NO FINAL DO PERÍODO TRIÁSSICO E DEU ORIGEM, MAIS TARDE, AOS GRANDES DINOSSAUROS SAURÓPODES.

Heterodontossauro

O **HETERODONTOSSAURO** (QUE QUER DIZER "RÉPTIL COM DENTES DIFERENTES") FOI UM HERBÍVORO E SEMIQUADRÚPEDE QUE VIVEU NO FIM DO *PERÍODO TRIÁSSICO*.

O **LESOTOSSAURO** POSSUÍA PERNAS COMO AS DAS AVES. ERA PEQUENO, LEVE E MOVIA-SE MUITO RÁPIDO.

Riojassauro

Lesotossauro

GUIA DO DINOSSAURO
PERÍODO TRIÁSSICO

CARNÍVOROS

Celófise
Comprimento: de 2,30 a 6 metros
Altura: de 45 centímetros a 1,60 metro
Peso: de 35 a 150 quilogramas
Alimentação: pequenos animais e peixes

Herrerassauro
Comprimento: 3 a 6 metros
Altura: 1,1 metro
Peso: 210 a 350 quilogramas
Alimentação: animais de seu tamanho

Saltopus
Comprimento: 60 centímetros
Altura: 30 centímetros
Peso: de 1 a 2 quilogramas
Alimentação: pequenos animais

Estauricossauro
Comprimento: 2 metros
Altura: até 40 centímetros
Peso: 30 quilogramas
Alimentação: pequenos répteis e animais mortos

Xonissauro
Comprimento: 15 metros
Peso: 40 toneladas
Alimentação: criaturas marinhas

HERBÍVOROS

Plateossauro
Comprimento: 6 a 10 metros
Altura: 1,5 a 2,5 metros
Peso: de 700 quilos a 1,8 toneladas
Alimentação: plantas

Riojassauro
Comprimento: chega a 10 metros
Altura: mais de 2 metros
Peso: chega a 1 tonelada
Alimentação: plantas

Heterodontossauro
Comprimento: 1,2 metros
Altura: 35 centímetros
Peso: entre 2 e 35 quilogramas
Alimentação: plantas

Lesotossauro
Comprimento: 1 metro
Altura: 45 centímetros
Peso: chega a 7 quilogramas
Alimentação: plantas